諷 詩 調·28

2013년 2월

박진환 제46시집

지성·감성의 메타언어
조선문학시인선·343

諷 詩 調·28

2013년 2월

조선문학사

■ 책머리에

諷詩調는 폭로의 미학이다

諷詩調는 정서유희나 관념유희와는 차원이 다른 지적이고도 정신적인 유희가 아닌, 시대적 진단이자 문화적 고발로서의 폭로의 미학이다.

2013년 初夏

박 진 환

박진환 제46시집 / 諷詩調 · 28

2013년 2월

차례

책머리에 / 5

아이 고 아닌 하이 고 / 11
입버릇 돼 버리고 / 12
부러움 덕에 두려움만 살쪄 / 13
입을 화, 혀를 칼이라 했거니 / 14
생과 사라는 의문부 / 15
미지생 언지사 / 16
그것이 답이로다 / 17
다르지 않은 것을 / 18
웃자라거든 / 19
새풀이로 사전에 오를 판 / 20
치자로 풀데 / 21
현자냐? 우자냐? / 22
배 산으로 안갈까 / 23
육체로 사는 인간을 더 사랑한다 / 24
호형호제거든 / 25
중구 발악 / 26
그게 진짜 봉사 / 27
옛분들 말씀 해쌌데 / 28
신의상 싣고 가는 나귀는 안돼야 / 29

무슨 낭패 / 30
그게 억울해서 / 31
신의 실수다 / 32
정원의 주인 모네 / 33
허송세월이지 / 34
행? 일지 불행? 일지 / 35
복떡이나 그려볼까 / 36
무지개 / 37
역리가 진리인 것을 / 38
참 삶이 보이는 것을 / 39
도법 못 면하지 / 40
길음이 되거든 / 41
똥 같은 놈들 / 42
맘대로 못해서야 / 43
요즘 세상인 것을 / 44
나는 광신도거든 / 45
신에 대한 답이거든 / 46
답도 멋대로 / 47
인생이란? / 48
사랑이란? / 49
근자설 원자래 / 50
항룡유회가 했거니 / 51
도법 못 면할 걸 / 52
사돈네 팔촌도 아니거든 / 53
어쩌나 전쟁불감증 / 54
더 편해서 / 55
언급 없다니 / 56
그것이 문제로다 / 57
나라도 있으니 / 58

선생님에 빗대여서였구나 / 59
짜증나 / 60
??? / 61
작문정치 될까봐 그러지 / 62
허허 / 63
생매장 못 면하거든 / 64
교회 헛다니셨어 / 65
다를 것 없어 / 66
우리들 모습인 것을 / 67
한숨소리뿐 / 68
시작과 끝이 맞물렸다 이 말씀이지 / 69
헌데, 허니, 허나 / 70
독살도 덕담이 왜 / 71
인급계생이라 했던가 / 72
보이는 평범 / 73
진정한 행복은 / 74
행복이란 / 75
달리 6·25였겠나 / 76
불행이 누나, 행복이 동생 / 77
또 얼마나 뛰어내릴지 / 78
낙법이나 익혀둘 일이다 / 79
욕심도 과하셔 / 80
묻노니 / 81
감투 희망자들 / 82
공상에 지배당한다 했던가 / 83
살로 쓴 전매특허품이거든 / 84
평행을 유지하는 눈금이 없어서 / 85
사공이 서투르면 / 86
칼도 되고 약도 되거든 / 87

부앙유괴 깨닫는 양심도 귀하거든 / 88
짠돌이에 인색해서 그러지 / 89
정본 교과서로 쓰는 곳 더러 있데 / 90
정설불식 때문일까? / 91
삐걱대서야 / 92
명목장담도 충이거니 / 93
있는 둑도 무너져 / 94
스스로가 화상을 입을 수 있어서 / 95
불량식성이 으뜸이어서 / 96
건망증이 심한 국민이어서 / 97
바보의 삶 / 98
상소문 우지베베 지지베베 / 99
아마도 문예부산 탓일 듯 / 100
탱자 못 면하거든 / 101
남북의 기싸움 보면 알아 / 102
악수 / 103
열려라 참깨 / 104
사면초가삼간 안될지 / 105
익사 못 면해 / 106
망국 / 107
기싸움 / 108
있는 복도 달아나 / 109
꼬리 / 110

아이 고 아닌 하이 고

OECD국가중 노인빈곤층 최고에 노인복지예산 최하위가 코리아

늙은 몸엔 눈먼 새도 안 앉는다더니 이리 왕따 돼서야

그래도 인생 80부터라고 젊음 탐하는 노욕, 아이 고 아닌 하이 고

입버릇 돼 버리고

북 핵으로 흥정하는 거래, 장사치 솜씨 괜찮은 편
문제는 핵으로 먹고 살았으니 불을 먹고 사는 셈
그래선가, 말끝마다 불바다 불바다 입버릇처럼 해쌌게

부러움 덕에 두려움만 살쪄

중, 항모 랴오닝함 서해에 배치, 한미 견제에 나서

서해에 항모기지 꿈꾸는 미는 부러움 크겠지만

전역이 사정권에 들어간 한반도는 부러움 덕에 두려움만 살쪄

입을 화, 혀를 칼이라 했거니

상생 · 소통은 한국이나 미국이나 매한가지 입에 바른 정치구호
자멸 불사에 꽉 막힌 정치불통, 오늘의 한 · 미 정치행태가 그래
구호로만 외친 상생 · 소통, 입을 화, 혀를 칼이라 한 옛 말씀 새겨볼만

생과 사라는 의문부

삶다운 삶은 어떤 삶인가?
죽음다운 죽음은 또 어떤 죽음인가?
풀지 못한 체 답 대신 찍히는 생과 사라는 또 하나의 의문부

미지생 언지사

겨울 가고 봄, 환절기 되자 조문 발길 바빠져
발자국 의문부 삼아 스스로에게 던지는 물음 생과 사
알 수 없어라, 답 대신 떠올리는 미지생 언지사

※ 미지생 언지사(未知生 焉知死) : 삶도 제대로 모르면서 어찌 죽음을 말하랴라는 論語에 나오는 말.

그것이 답이로다

화이트하우스를 세계에서 가장 고독한 장소라고 한 미대통령
푸른집 생활을 자장 영광의 시간이었다고 한 코리아대통령
영혼으로 앓은 고독이냐? 지위로 누린 영광이냐? 그것이 답이로다

다르지 않은 것을

오르면 내려다보는 법, 내려오면 올려다보는 법
높이로 낮이를, 낮이로 높이를 재는 것이 산의 법도
어찌 산뿐이랴, 인생의 척도 또한 다르지 않은 것을

웃자라거든

속성으로 자라는 내 머리털을 두고 내자 왈
삐딱한 생각이 죄다 거름이 된 모양이란다, 허나
모르시는 말씀, 동굴살이 해봐, 보한용 터럭부터 웃자라거든

새풀이로 사전에 오를 판

안산 새소리 화답하고, 백운산계곡 막힌 물꼬 토악질로 트는
화창한 이 봄날에도 꽁꽁 얼어붙은 삼동 못 면하는 여야
상생 · 소통이란 말, 거짓말이란 새풀이로 사전에 오를 판

치자로 풀데

정부조직법 협상결렬에 실망한 장관지명자 사퇴
여야 대표자 청와대 회동 불발에 대통령 대국민담화까지
식자들 이 난국 두고 정치 아닌 통치 탓이라고 치자로 풀데

현자냐? 우자냐?

물이 맑아서 고기가 놀지 못함일까? 탁해서 고기가 못삶일까?
아니면 섭리음양의 명재상이 없음일까? 퇴경정용 때문일까?
의혹은 어리석은 자의 지혜라던데 물음이 넷이니 현자냐? 우자냐?

※ 섭리음양(攝理陰陽) : 천지의 음양을 잘 조화한다는 뜻으로 재상이 나라를 잘 다스림에 비유한 書經의 말.

※ 퇴경정용(堆輕釘聳) : 망치가 가벼우면 못이 도로 솟는다는 뜻으로 웃사람이 약하면 아랫사람이 말을 듣지 않게 된다는 말.

배 산으로 안갈까

대통령은 식물정부 앞세워 야당 압박하고, 국민에 호소하고

야당은 독선 · 오만 · 불통이라고 압박에 맞서 삿대질하고

정치실종 국회무능 오월동주하고로 고고고하면 배 산으로 안갈까

육체로 사는 인간을 더 사랑한다

육체가 없으니 욕망이 없고, 욕망이 없으니 죄 또한 없는 신
육체가 있으니 욕망이 있고, 욕망이 있으니 죄가 있는 인간
육체가 없는 신보다 죄를 짓고 육체로 사는 인간을 더 사랑한다

호형호제거든

터졌다 하면 미국은 총기난사사건, 코리아는 성폭력
권총과 남성의 그것 생김새 흡사한데 생김새뿐만 아니거든
성냈다 하면 갈겨대는 성능도 동맹국답게 호형호제거든

중구 발악

여론만 있고 야론은 없다면 여론은 不成立

헌데 성립조건이란게 우행 · 약점 · 악감정 · 완고와 같은 악이 주축

결과적으로 여론이란 악으로 이루어진 악악대는 衆口의 발악

그게 진짜 봉사

전철 안 풍경, 제마다의 시선이 스마트폰에 꽂혀있다
눈을 감고 생각에 잠긴 노구들은 마음의 눈을 지닌 눈먼 봉사
스마트폰에서 눈 못 뗀 젊은이들 마음의 눈 못 뜨면 그게 진짜 봉사지

옛분들 말씀 해쌋데

욕속부달이라 했던가, 구화투신이라 했던가
성급함을 두고 한 옛분들 말씀 그른 것이 없거니
나랏님 담화 두고 이런저런 옛분들 말씀 해쌋데

※ 욕속부달(欲速不達) : 일을 빨리 하려고 서둘다가는 도리어 이루지 못한다는 뜻.

※ 구화투신(救火投薪) : 불을 끈다고 장작을 던진다 함이니 근본을 다스리지 않고 급하게 행동하다 일을 더욱 악화시킨다는 뜻으로 쓰이는 말.

신의상 싣고 가는 나귀는 안돼야

식물정부 못 면한 박근혜 정부, 끝내 비서정치 시작한 셈
실장왈 입은 막고 귀로만 듣겠다가 제1성이었는데, 그러다
나귀귀 된건 좋으나 행여 「신의상 싣고 가는 나귀」는 안돼야

※ 신의상 싣고 가는 나귀 : 이솝 우화의 하나.

무슨 낭패

감으로, 눈치로, 힘으로 정치력 발휘하던 전 나랏님들
새 나랏님은 오기로 정치한다고 입방아에 오르내리던데
오기 부리다가 안그래도 정치 난기류에 오기 겹치면 무슨 낭패

※ 오기(五氣) : 비 오고 볕 나고, 덥고 춥고, 바람 부는 다섯 가지 기운이나 기미.

그게 억울해서

식물정부란 즐겨 써서는 안될 말 즐겨들 쓰시던데
허면 동물정부도 안 있겠나, 약육강식의 동물근성 일삼는
이러다 말이 씨되면 복지·민생 행복 말짱 허사, 그게 억울해서

신의 실수다

부재인 신을 존재로 파악하는 것은 상상력의 오류다
실재의 자유이기도 한 상상력은 따라서 오류의 자유이기도 하다
그보다 진짜 오류는 인간에게 상상력을 부여한 신의 오류

정원의 주인 모네

모네의 그림 「화가의 정원」 이 네모 속에 풍경으로 갇혀 있다
네모로는 가둘 수 없는, 네모로 재단된 무위를
인위로 울타리 쳐 가둬놓고 가꾸는 살아있는 정원사 모네

허송세월이지

옳다고도 하고 그르다고도 하여 어떤 일이 질정되지 못했을 때
혹가혹불가라고 하는데 이 或자란 놈이 國자 안에 들어가 있거든
허니 국회란 곳이 맨날 옳다, 그르다 따지다 허송세월이지

※ 혹가혹불가(或可或不可) : 옳다 하기도 하고 그르다 하기도 하여 어떤 일이 質定되지 못함을 이르는 말.

행?일지 불행?일지

한국 APT 불황으로 똥값 못 면하는데 부산 해운대 APT는 호황
그것도 이웃 일·중·러에서 즐겨 찾는다니, 길조냐? 흉조냐?
따질게 없지만 똥값 금값 되면 행일지? 불행일지?

복떡이나 그려볼까

복권구입 소득계층에 따라 고소득층이 고가다매
부 축적할수록 요행까지 챙기려는 뻔한 속셈인데
서민에겐 그림의 떡, 투필성구 못되지만 복떡이나 그려볼까

※ 투필성구(投筆成具) : 그림에 능하여 붓을 던져도 그림이 된다는 뜻.

무지개

아름다운 저 천상의 다리, 오르고 또 오르면 어떤 세계에 가 닿을까?

알 수 없지

알 수 없는 세계, 허니 無知界인 게지

역리가 진리인 것을

막힌 길, 물러서서 옛분들의 지혜를 빌면 나아갈 길이 보인다
역사의 가르침이 그러하지 않던가
나아가기위해 물러섬, 물러섬이 곧 나아감이되는 逆理가 진리인 것을

참 삶이 보이는 것을

산을 보기 위해선 저만큼 물러서서 보아야 온 산을 볼 수 있다
다가가면 골짜기만 보일 뿐인데 어지 산뿐이겠는가
삶도 저만큼 두고 보아야 비로소 참 삶이 보이는 것을

도법 못 면하지

치(寸)를 굽히고 자(尺)를 뻗는다는 척도법, 道法 아니던가
소를 주고 대를 취한다 함이니 정치에 써볼만한
헌데, 철학 원칙 잣대만 들이대니 徒法 못 면할밖에

길음이 되거든

양보하고 사양하여 나를 낮춤이 스스로를 기름의 보양이 되는 것을

정치인들은 모르는가봐, 낮춤이 곧 높임이 되는 이치를

양보해봐, 양보가 보양이 돼 스스로를 길러 올리는 높이가 되거든

똥 같은 놈들

우리집 현관은 신호등 건널목에 있어서 잡것들이 많다
담배꽁초, 우유팩, 화장지 등 각종 쓰레기를 버리고 간다.
똥 같은 것들, 달리 더러운 자는 머물다간 자리도 더럽다 했겠나

맘대로 못 하겠나

나랏님 인사정책 두고 대선공약 안 지켰단 지적이던데
달리 엿장수 맘대로라 했겠나
하물며 나랏님이 고굉지신 뽑는데 맘대로 못 하겠나

※ 고굉지신(股肱之臣) : 임금이 가장 신임하는 신하.

요즘 세상인 것을

「세무조사는 뒷전, 뇌물 챙긴 국세청」이란 모 신문 사설
틀린 말 아니나 요즘 세태가 그래, 금강산도 식후경이거든
몰랐나? 官服 입고 私腹 채우는 것이 요즘 세상인 것을

나는 광신도거든

예배당을 짓고 싶다고 했더니 무슨 교냐고 물었다
天詩教라고 했더니 그게 무슨 교냐고 되물었다
시를 하늘처럼 받드는 종교, 나는 천시교 광신도거든

신에 대한 답이거든

하느님을 느끼는 것은 마음이지 이성이 아니다
파스칼의 이 말에 동의한다
감정이냐? 이성이냐? 이것이 신에 대한 답이거든

답도 멋대로

사랑이란 무엇인가? 물음은 하난데 답은 수백 수천
아픔·슬픔·미움·그리움·분노·앙갯물·한강·칼·방아쇠
박하사탕·초콜릿, 공식으론 풀 수 없으니 답도 멋대로

인생이란?

!

?

.

사랑이란?

!

×

∞

근자설원자래

위정자를 일컬어 시냇물이 흐르지 않아도 다리를 놓겠다고 공약한 자
민중과 맺은 공약 · 계약까지도 위반한 자들이란 옛분들 말씀
공자님 달리 近者設遠者來라 했겠나

※ 근자설원자래(近者設遠者來) : 공자가 정사를 묻는 섭공에게 "정치란 가까운 자가 기뻐하고 먼 곳에 있는 자가 찾아오는 것"이라고 한 말.

항룡유회라 했거니

정부조직법 타결은 됐으나 대통령도 여 · 야도 다 실패했다던데

타결 됐으면 성공이지, 왜 실패라 하는지?

옛분들 이를 두고 항룡유회라 했거니

※ 항룡유회(亢龍有悔) : 易經에 나오는 말로 지나치게 높이 올라간 용은 뉘우치게 된다는 뜻으로 분수에 넘치게 존귀를 극하게 되면 실패한다는 말.

도법 못 면할 걸

용기 있는 자는 칼을 뽑는다 했던가
왕자무친, 대의멸친의 양날의 칼 쥐었다면 용기 있는 군주인데
칼집만 금인 녹슨 칼날이면 刀法이 무슨 소용, 徒法 못 면할 걸

※ 왕자무친(王者無親) : 비록 임금이라도 국법 앞에서는 사사로운 정으로 일을 처리하지 못한다는 뜻.

※ 대의멸친(大義滅親) : 나라를 위해서는 부모조차도 저버린다는 뜻이니 정의를 위해서는 사사로운 일에 구애되지 않는다는 左傳에 나오는 말.

사돈네 팔촌도 아니거든

모 신문 칼럼에 경제민주화, 국민기만인가고 물었던데
경제민주화 슬그머니 꼬리 감추고 창조경제 들이민 때문인 듯
정치공약은 적자지심과는 사돈네 팔촌도 아니거든

※ 적자지심(赤子之心) : 난대로의 순수 그대로 거짓이 없는 마음이란 뜻으로 孟子의 말.

어쩌나 전쟁불감증

미 이라크 침공 10주년 맞아 여론조사 결과 국민의 58%가 부정적

그나마 다행인 것은 침공 일삼는 패권주의 자각증세

헌데 그걸 깨닫는데 10년이 걸렸다니 어쩌나 전쟁불감증

더 편해서

경제민주화, 창조경제, 말 성찬만으로도 배불러
헌데 모호한 개념으로 소화불량증 못 면해
배 터져 죽기보다 적게 먹고 가늘게 싸는 편이 체질화 돼서

언급이 없다니

미 이라크 침공 10년, 미군 4천여명 희생에 오바마 애도·경의 표명
폭탄테러로 간뇌도지한 이라크인의 죽음은 개죽임인가?
남의 의지에 의한 죽음은 두 번 죽는 거라던데 언급이 없다니

※ 간뇌도지(肝腦塗地) : 간과 내장이 땅위에 흩어지도록 참혹한 죽음이라는 史記에 나오는 말.

그것이 문제로다

옛 군주는 정승·재상에 물어 구한 답으로 다스림을 즐겼고
요즘 군주는 숙제를 주어 풀게 하여 다스리니 治道가 다름이다
다스림의 치도, 답으로냐? 숙제로냐? 그것이 문제로다

나라도 있으니

칼은 칼로, 불은 불로 망한다는 말대로라면
핵은 핵으로 망한다는 이치
헌데, 어쩐다 망하긴커녕 핵 신주 모시듯 모시고 사는 나라도 있으니

선생님에 빗대여서였구나

인간에게 가장 필요한 교육은 지배와 복종이다
플루타크 영웅전에 나오는 이 말이 어째서 떠올랐지?
그렇구나, 매스컴에서 나랏님을 선생님에 빗대여서였구나

짜증나

땡땡땡 푸른학교 종소리

선생님 : 숙제 잘 풀어야 해, 학생 : 예, 정답으로 풀겠습니다

어머니 : 오늘은 무슨 숙제니?, 학생 : 보여주면 알기나 해, 짜증나

???

모 장관 후보 정치권·국민 할 것 없이 글렀다가 평판이던데
정작 당사자는 잘 하겠다 앞세워 버티기에 호소까지
뭘 잘 하겠다는 걸까? 글쎄?? 혹여 거짓말???

작문정치 될까봐 그러지

매스컴들 나랏님을 선생님에 빗대이던데
정치철학 교과서대로 하겠다는 의지로 읽은 때문 아닐까?
교과서대로만 한다면야 최상, 혹여 작문정치 될까봐 그러지

허허

가지 움트고 꽃 맺고 피는 것이 왜 예사롭지 않게 보이는 걸까
혹시 마음의 눈이라도 열리는 것일까? 철이든 걸까?
감명자진구분매라더니 마음의 눈도 다 뜨고, 허허

※ 감명자진구불능매(鑑明者塵垢不能埋) : 맑은 거울이 모든 것을 환히 비춰줌과 같이 사람의 마음도 맑으면 올바른 도리를 얻는다는 淮南子의 말.

생매장 못 면하거든

관능을 영혼의 무덤이라 하던데 순 구식
신식으론 산 채로 묻어버리는 생매장
대통령도 · 총재도 · 장차관도 그 짓 들통 나면 생매장 못 면하거든

교회 헛다니셨어

청문회를 지켜보던 아내 왈 "당신은 도덕적으로 완전했을 텐데"
"남자의 두뇌는 여자의 미모보다 더 많은 간통죄를 범하게 된다"
이 말씀 어디에 나오는 줄 알아? 교회 헛다니셨어, 뭐가 완전한데

다를 것 없어

동물들 약육강식이나, 어깨들 조직사회나
권력 · 정당 · 국가 · 국제적 룰도 다를 것 없어
잘 봐, 이소사대 훤히 보여

※ 이소사대(以小事大) : 약자가 강자에게 무조건 따르는 것을 두고한 말.

우리들 모습인 것을

가계 빚 가구당 천만원시대, 빚 전단 광고지 누더기로 걸치고
빚쟁이로 서 있는 전신주를 보라,
저꼴이 빚의 무게 등에 한 문예부산 신세 못 면한 우리들 모습인 것을

※ 문예부산(蚊蚋負山) : 모기가 산을 짊어졌다는 뜻으로 빚은 짊어진 채
허리 못 펴고 사는 빚쟁이에 비유한 말.

한숨소리뿐

국민들 허리는 빚쟁이 신세 못 면해 반도의 등처럼 굽고
무슨 돈이 어디서 나온다고 복지기금, 행복기금 타령인지
갑갑증 못 견뎌 토해내는 들리느니 한숨소리뿐

시작과 끝이 맞물렸다 이 말씀이지

나랏님 부임 초부터 매스컴 레임덕 운운 하던데
MB때도 취임 첫날 임기종료일에 맞춰 돌린 MB시계 등장 했어
말하자면 레임덕이란 게 시작과 끝이 맞물렸다 이 말씀이지

헌데, 허니, 허나

사람의 눈이 둘인 것은 옳게도, 그르게도 둘다 보라는 뜻이다
헌데 내 눈은 훔쳐보고 흘겨보고 째려보는 사시 못 면하고 산다
허니 누가 곱게 보아 주겠는가? 허나 백목보다야 안 낫겠나

독설도 덕담이 돼

내 입과 혀를 두고 독설 운운 하던데 잘못 놀린단 뜻일 터

그렇지, 주정으로 길들여진 혀이니 어찌 점잖기를 바라랴

허나 주정관 다르지, 명정 들을 줄 아는 귀 가지면 독설도 덕담이 돼

인급계생이라 했던가

많은 공약 지키자니 돈이 없고, 안 지키자니 원성이 두렵고
이러지도 저러지도 못하는 진퇴양난
인급계생이라 했던가; 세워진 계획도 안 먹힌 판에 새 계획이라? 글쎄

※ 인급계생(人急計生) : 급하면 무슨 계획이 생긴다는 말

보이는 평범

그늘에서 피는 꽃은 빛을 향해 피고, 가지는 빛을 향해 뻗지
관심 밖의 평범한 이 사실 앞에 하고 비로소 뜨이는 눈
눈은 마음 등불, 마음에 등 하나 걸고 어둠 밝히면 보이는 평범

진정한 행복은

빚쟁이 빚 갚아주는 돈을 행복기금이라고 하던데
무망지복이 과연 행복일까? 설혹 행복이라쳐도 지속될까?
진정한 행복은 돈이 아닌 땀 흘려 일하며 즐기는 삶인 것을

※ 무망지복(毋望之福) : 바라지도 않았는데 혼연히 얻어진 행복을 이르는 史記에 나오는 말.

행복이란

행복이란 무엇일까?

스스로가 흘린 땀으로 소망사고를 성취한 기쁨

헌데 사람들은 행복기금 두고 횡재라도 한 듯 행복해 하던데, 글쎄?

달리 6·25였겠나

한반도 기류현황, 춥고 덥고, 비오고 볕나고, 바람부는 五氣 심술
심술론 부족했는지 傲氣더해 六氣, 六氣에 둘더해 肉氣·殺氣까지
달리 6·25였겠나, 6기에 2 더하고 등 뒤에 5기 달면 6·25지

불행이 누나, 행복이 동생

행복은 불행과 탯줄을 같이 한

족보가 다른 두 얼굴

항렬론 불행이 누나, 행복이 동생, 누나 등에 업혀 동생은 크거든

또 얼마나 뛰어내릴지

재정 절벽 얼마나 높을지? 어떻게 뛰어넘을진 관심 밖
그보다 더 관심사는 높이에 따라 뛰어내릴 투신
APT 높이가 부른 자살유혹, 절벽에선 또 얼마나 뛰어내릴지

낙법이나 익혀둘 일이다

앞에 한 재정 절벽 뛰어넘기냐? 돌아가기냐?
그것이 문제가 아니라 문제 어떻게 푸느냐가 문제
문제 못 풀어 그 높이 못넘으면 뛰어내릴밖에, 낙법이나 익혀둘일이다

욕심도 과하셔

코리언 감탄사 아이고(I go)뫼, 산으로 간다 즐겨 쓰지
헌데 요즘엔 하이고(high go) 즐겨 써, 산보다 더 높은곳 가고싶어서지
살맛난세상 살았으니 천당에 가고 싶다 이거지 하이고, 욕심도 과하시지

묻노니

묻노니 힘이 정의일까? 정의가 힘일까?

정치의 힘은 정의마저 굴복·복종시키는 힘이요

의의 힘은 정치가 굴복·복종시킨 것을 굴복·복종시키는 힘이다

감투 희망자들

청문도미노에 밀려 속임수 복면도미노 썼다가 나자빠진
11명의 위인들 두고 나랏님 수첩인사 때문이라고 답답해하던데
쓰러져도 좋고 넘어져도 좋으니 이름 석자 수첩에 올라봤으면

공상에 지배당한다 했던가

경제민주화 밀쳐내고 슬그머니 내민 창조경제, 알고 보니 그 밑천
국민연금 굴리기라니 발상치곤 기발·엉뚱, 허긴 기발해야 창조지
엉뚱하면 공상, 나폴레옹 왈 인류는 공상에 지배당한다 했던가

살로 쓴 전매특허품이거든

이 문명시대에 컴맹 못면했다고 비웃던데 모르시는 말씀
까짓 컴퓨터 1년이면 도사돼, 허나 피와 혼으로 쓴 육필은
컴퓨터로는 쓸 수도 흉내할 수도 없는 살로 쓴 전매특허품이거든

평행을 유지하는 눈금이 없어서

낙이불음이라 했던가? 즐기되 빠져서는 안 된다 함이거니
그걸 누가 모르나, 설혹 안다 해도 절장보단이 어디 그리 쉽던가
더구나 양반들 저울대엔 낙과 음의 평행을 가늠하는 눈금이 없어서

※ 낙이불음(樂而不淫) : 즐기되 빠지지 말라는 논어에 나오는 말.

※ 절장보단(絶長補短) : 긴 것은 끊어 짧게 하고, 짧은 것은 더 보태 길게 한다는 뜻이니 알맞게 맞춘다는 중용지도를 말함.

사공이 서투르면

높은 양반 또 사퇴, 이러다 사퇴도미노 쓰나미로 안 덮칠지
높은 양반들 저지른 악에 앰한 백성들 함께 익사나 하지 않을지
설사 노아의 방주 있다손 쳐도 사공이 서투르면 배 산으로 가서

칼도 되고 약도 되거든

돈을 번뇌 · 비애 · 악의 근원이라고 했던 옛분들
근원 벨 칼이 없고 근심 없앨 약이 없다고 한탄했던데
칼도 약도 다 있거든, 번돈 사회환원 나눠써봐, 칼도 되고 약도 되거든

부앙유괴 깨닫는 양심도 귀하거든

인사청문회 앞두고 높은 벼슬자리분들 줄줄이 사퇴
저지른 죄는 밉지만 사퇴할 줄 아는 용기 살만해
부앙무괴면 말할 것 없지만 부앙유괴 깨닫는 양심도 귀하거든

※ 부앙무괴(俯仰無愧) : 하늘을 우러러보나 땅을 굽어보나 양심에 부끄러움이 없음을 이르는 말.

※ 부앙유괴(俯仰有愧) : 부앙무괴에 반대되는 일종의 조어로서 양심에 부끄러움이 있다는 뜻.

짠돌이에 인색해서 그러지

소금섭취량 세계에서 코리언이 최다라는데
많이 먹고 짠돌이 된 것관 달리 남 주기에 인색함도 최고 아닐지
감기고뿔도 남 안준다는 말 달리 나왔겠나, 짠돌이에 인색해서지

정본 교과서로 쓰는 곳 더러 있데

마키아벨리의 통치철학, 전쟁예비와 가난으로 울타리치기
배부르면 멋대로 흩어지고, 전쟁 긴장 없애면 마음 해이해지기 때문
낡은 정치철학인줄 알았더니 정본 교과서로 쓰는 곳 더러 있데

정설불식 때문일까?

세상이 불공평한걸까? 정설불식 때문일까?
감투 씌워줘도 죄 무게 못이겨 내려놓기 일수거니
거취적중 잘못이었을까? 마음의 등에 기름 떨어졌음일까?

※ 정설불식(井渫不食) : 우물이 깨끗해도 마시지 않는다는 뜻으로 재능이 있는 사람이 세상에 쓰이지 못함을 이르는 말.

삐걱대서야

당 · 청 삐걱, 신문기자의 귀 아닌 눈에 비친 진단이다
삐걱하면 금가고, 금가면 흔들리고, 흔들리면 무너지는 법
안 무너지려면 원인인 밀봉인사 접으면 돼, 간단한 걸 삐걱대기는

명목장담도 충이거니

비서실장 수락 제1성으로 귀는 열고 입은 닫겠다였지
말이 씨 됐나 기라성 같은 비서진들 함구 구설수 못 면한 걸 보면
넓은 귀도 좋지만 옳은 말은 할 줄 아는 명목장담도 충이거니

※ 명목장담(明目張膽) : 두려움 없이 용기를 내어 말함.

있는 둑도 무너져

지하 세원 발굴위해 국세청 눈이 왕방울눈 될 판
가난한 살림, 가렴주구 불가피 이해되나 혹여 준민고택 안된지
그러다 세세세 민심누수 재촉하면 둑 쌓으려다 있는 둑도 무너져

※ 가렴주구(苛斂誅求) : 세금을 가혹하게 받아들임.

※ 준민고택(浚民膏澤) : 재물을 몹시 착취하여 백성의 힘을 다하게 함.

스스로가 화상을 입을 수 있어서

불 안 땐 굴뚝에 연기 나랴, 암 땠으니까 연기가 나지
헌데 그 연기라는 게 아무리 밀봉해도 비밀의 불에서도 나거든
비밀도 탄다는 뜻, 문제는 그 불에 스스로가 화상을 입을 수 있어서

불량식성이 으뜸이었거든

사회 4대악중 불량식품 한자리, 특히 어린이 불량식품 운운턴데
어린이용 불량식품, 그건 아무것 아냐, 어른들 불량식성이 문제지
저지른 어른들 악중 잘못 처먹은 불량식성이 으뜸이었거든

건망증이 심한 국민이어서

매스컴마다 책임책임 떠들던데 누가 누구에게 책임을 따져
설마 약마복중 문제 삼는 건 아니겠지
원인제공 주체가 국민아니던가? 허긴 워낙 건망증이 심한 국민이어서

※ 약마복중(弱馬卜中) : 약한 말에 무거운 짐을 실었다 함이니 힘이 약한사람에게 힘에 겨운 어려운 일을 맡겼다는 뜻.

바보의 삶

바보의 거짓말엔 꼬리가 있고 잘난놈 거짓말엔 꼬리가 없다
바보는 꾸밈에 서툴고 잘난놈은 주작부언에 능함 때문이다
혹세무민의 잘난놈보다 바보가 그리운 시대에 사는 바보의 푸념

※ 주작부언(做作浮言) : 터무니 없는 말을 지어냄.

※ 혹세무민(惑世誣民) : 세상사람들을 미혹하여 속임.

상소문 우지베베 지지베베

우지베베 지지베베 고천자들이여 무엇을 하늘에 고하시는가

상소문인즉 "慾意非聖 不能制中 一毁一譽"

얼마나 세상이 이기에 더러워졌으면 저것들이 하늘에 그걸 고할꼬

※ 고천자(告天子) : 노고지리, 종다리의 이칭.

※ 욕의비성 불능제중 일훼일예(慾意非聖 不能制中 一毁一譽) : 法句經에 나오는 말로 이 세상에는 비방만 받는 사람, 칭찬만 받는 사람은 없었고, 없고 또 없을 것이다. 칭찬도 비방도 속절없으니 모두가 제 이름과 이익을 위함일 뿐이다란 말.

아마도 문예부산 탓일 듯

요즘 새 정부 인사정책 두고 책임론이 화두던데
과실이 없는 한 책임론 또한 있을 수 없는 법
따지는 책임이란 게 문예부산은 아닐지

※ 문예부산(蚊蚋負山) : 모기가 산을 짊어졌다 함이니 약하고 어리석은 자가 크고 중한 일을 맡았음을 비난한 뜻으로 쓰인 莊子의 말.

탱자 못 면하거든

남귤북지란 말 동귤서지로 바꿔보면 어떨지?

귤나무가 지역에 따라 탱자나무가 되듯, 영 · 호남이 딱 그렇거든

호남의 귤나무 영남에 옮기면 탱자나무 못 면하거든

※ 남귤북지(南橘北枳) : 남쪽 땅의 귤나무를 북쪽 땅에 옮겨 심으면 탱자나무로 변한다 함이니 사람도 그 처해 있는 환경에 따라서 달라지게 된다는 말로 일종의 환경결정론과 같은 말. 동귤서지(東橘西枳)는 일종의 조어로서 남귤북지에 빗대어 꾸며본 말.

남북의 기싸움 보면 알아

기자 들어간 우리말에 오기 · 독기 · 살기 · 냉기 같은 악마적인 것과
서기 · 패기 · 온기 · 용기 · 촉기 · 화기 같은 묵시적인 것이 있지
그중 즐겨 쓰는 것이 악마적인 기자돌림, 남북의 기싸움 보면 알아

악수

주머니에 손 넣고 한쪽 손으로 나는 거부 빌게이츠 악수 두고 결례니, 문화적 차이니 해석이 구구 하던데 9×9면 81 부가 고령 傘壽여서 그런가? 거꾸로 예의범절이 18세여서 그런가?

※ 산수(傘壽) : 나이 80을 두고 하는 말로 傘字가 八자 밑에 十자, 곧 十자가 八자를 바치고 있는 형상이 八十과 같으므로 붙여진 말.

열려라 참깨

무슨 보물창고나 비밀창고라도 된 듯 닫아걸고 열지 않는 開城
한번 외쳐볼까, 열려라 참깨
참깨가 기냐, 짧냐, 헛수작 말고 열어 開城 이름값 하라고

※ 참깨가 기냐 짧으냐 : 변변치 못한 사람들이 조그만 일에 시비를 한다는 뜻으로 쓰이는 우리 속담.

익사 못 면해

일 아베 수상 잘못 뱉은 망언으로 국제 뭇매 못 면하던데
태형쯤이야 장골라 닮았으니 참으면 되겠지만, 망자돌림
망신에 망국까지 겹치면 쓰나미 분노파고에 익사 못 면해

사면초가삼간 안 될지

푸른집 전 주인님은 몇백억인가 몇십억 빚내 집단장 한다던데
경제민주화 제동에 경제추락 위기선 개성공단 철수까지
겹겹으로 에워싼 사변초가, 이러다 푸른집 사면초가삼간 안 될지

망국

일, 아베총리, 경제는 알아도 망자돌림 족보는 모르는 모양이데
망언 · 망발 · 망신 · 망쪼 · 망령 · 망상 · 망측 · 럭키세븐 7형제
저런, 적통 형제 하나가 빠졌네, 망국

기싸움

가면 오고 싶어도 못와, 오라해도 안가, 오기인지 기싸움인지
기자놀음 구경할만 하네마는
봉사 못 면해도 좋으니 기싸움만은 안 봤으면 좋겠거든

있는 복도 달아나니

복 있는 분들 다투어 꽃피면 상춘나들이 눈요기로 복이 터지는데
꽃가루 앨러지로 눈 · 코 · 귀 동시 다발 가려움증으로 두문불출
남들 터지는 복, 눈에피 · 콧물 · 재채기 발광에 있는 복도 달아나니

꼬리

경제 5단체장 수용거부로 경제민주화 꼬리 내려
허긴 꼬리란 게 올렸다 내렸다 둔갑하는 구미호가 아니던가
꼬리 · 꼬레 · 꼬리아의 전매특허품, 그래서 꼬리아지

•

박진환 시인은 전남 해남 출신으로 동국대 국문학과를 거쳐 중앙대 대학원을 졸업(문학박사)했다. 1960년 동아일보 신춘문예(詩) · 1963년 自由文學(문학평론)으로 문단에 데뷔했고, 국제PEN한국본부 사무국장 및 이사, 한국문협 고문을 역임했다. 제9회 시문학상, 제3회 비평문학상, 펜문학상, 윤동주문학상 등을 수상했고, 한서대학교 교수 및 예술대학원장을 역임했으며 현재 월간 『조선문학』 발행인 겸 주간으로 있다. 중요 저서로는 시집에 『귀로』, 『사랑법』, 『꽃시집』, 『三行詩抄』 I ~XI 『諷詩調』, 『박진환시전집』 I · II · III · IV · V, 『物神時代』 I · II · III · IV · V, 『동굴일지』 I · II · III · IV · V, 『2012년 8월』 에서 『2013년 7월』 까지 51권의 시집이 있고 평론집으로 『한국현대시인론』, 『현대시론』, 『21C시학과 시법』 등 다수와 『한국시의 공간구조연구』, 『21C 시학』, 『시창작론』, 『諷詩調詩學』 외 다수의 역저가 있다.

•

조선문학시인선 343

諷 詩 調 · 28

2013년 2월

2013년 7월 20일 인쇄
2013년 7월 30일 발행

지은이 / 박진환
발행인 / 박진환
펴낸곳 / 조선문학사
등록번호 / 1-2733
주소 / 110-092 서울 서대문구 홍제2동 96-4
전화 / 02-730-2255
팩스 / 02-723-9373

ISBN 978-89-98115-24-1

정가 10,000원